HBR China

Diary

2017

重庆大学出版社

2017 · 01

约翰·科特
John P . Kotter

领导与变革领域权威，专注于领导力和管理变革领域的研究。

代表作：
《变革的力量》《权力与影响力》和《变革之心》等。

January

S	M	T	W	T	F	S
1 元旦	2 初五	3 初六	4 初七	5 腊八节	6 初九	7 初十
8 十一	9 十二	10 十三	11 十四	12 十五	13 十六	14 十七
15 十八	16 十九	17 二十	18 廿一	19 廿二	20 廿三	21 廿四
22 廿五	23 廿六	24 廿七	25 廿八	26 廿九	27 除夕	28 春节
29 初二	30 初三	31 初四				

Week 1

01. 02

01. 08

高管层缺乏行动，往往是由于团队中的管理者太多，而领导者太少。管理的任务是把风险降到最低，并维持现有体系的运转；而变革的本质就是要创造一个新的体系，这要求组织永远都必须具备领导力。

A paralyzed senior management often comes from having too many managers and not enough leaders. Management's mandate is to minimize risk and to keep the current system operating. Change, by definition, requires creating a new system, which in turn always demands leadership.

Monday 2	*Tuesday* 3	*Wednesday* 4

S	M	T	W	T	F	S
1	2	3	4	5	6	7
8	9	10	11	12	13	14
15	16	17	18	19	20	21
22	23	24	25	26	27	28
29	30	31				

ursday 5

Friday 6

Saturday 7

Sunday 8

每周荐读：《领导者的真正使命》，“哈佛商业评论管理必读”系列丛书之《什么造就了领导者》

领导力并不神秘，与“超凡的个人魅力”或其他独特的个性特征无关，也并非少数人的专利。领导未必优于管理，也未必可以取代管理。领导与管理是两种截然不同却又互为补充的行为系统，各自有其功能和特点。在日趋复杂、变化无常的商业环境中，两者都是取得成功的必要条件。

Note

Week 2

01.09

01.15

成功的变革在推进过程中会吸引更多人的参与。公司鼓励员工尝试新方法、提出新思路并充分发挥领导力，只要这些行动符合变革的整体愿景。参与的人越多，变革的成效越大。

Successful transformations begin to involve large numbers of people as the process progresses. Employees are emboldened to try new approaches, to develop new ideas, and to provide leadership. The only constraint is that the actions fit within the broad parameters of the overall vision. The more people involved, the better the outcome.

Monday 9	*Tuesday* 10	*Wednesday* 11

S	M	T	W	T	F	S
1	2	3	4	5	6	7
8	9	10	11	12	13	14
15	16	17	18	19	20	21
22	23	24	25	26	27	28
29	30	31				

ursday 12

Friday 13

Saturday 14

Sunday 15

每周荐读 :《从管理者到领导者》，2013 年 2 月刊

从管理者到领导者，从管理一个部门转为管理整个公司，由于新工作的视野和复杂性都大幅度增加，新晋领导者会觉得不知所措、迟疑无助。他们必须先了解所有的部门，也肯定会遇到很多棘手的新问题。他们必须培养新的技能和思维模式，实现这种艰难的转型。

Note

Week 3

01. 16

01. 22

一般来说，变革中的问题都发生在早期阶段，例如紧迫感不够强烈，指导同盟不够强大，愿景不够清晰；但真正扼杀变革势头的，是过早宣告胜利。变革势头一减弱，强大的习惯势力就会卷土重来。

Typically, the problems start early in the process: The urgency level is not intense enough, the guiding coalition is not powerful enough, and the vision is not clear enough. But it is the premature victory celebration that kills momentum. And then the powerful forces associated with tradition take over.

Monday 16	*Tuesday* 17	*Wednesday* 18

S	M	T	W	T	F	S
1	2	3	4	5	6	7
8	9	10	11	12	13	14
15	16	17	18	19	20	21
22	23	24	25	26	27	28
29	30	31				

ursday 19

Friday 20

Saturday 21

Sunday 22

每周荐读：《职业转型 7 步走》，2015 年 9 月刊

改变是困难的，但对于想在当下商业环境中成功的领导者，改变是必不可少的。面对个人职业变动的难题，可以参考本文提供的 7 个步骤：复杂、清晰、信心、创意、投入、巩固和改变。

Note

Week 4

01. 23

01. 29

在成功的变革案例中，领导者并不急于宣布胜利，而是利用短期成绩使员工对变革产生信心，进而解决更大的问题。

Instead of declaring victory, leaders of successful efforts use the credibility afforded by short-term wins to tackle even bigger problems.

Monday 23	*Tuesday* 24	*Wednesday* 25

S	M	T	W	T	F	S
1	2	3	4	5	6	7
8	9	10	11	12	13	14
15	16	17	18	19	20	21
22	23	24	25	26	27	28
29	30	31				

ursday 26

Friday 27

Saturday 28

Sunday 29

每周荐读：《平台时代战略新规则》，2016年4月刊

平台公司连接了生产者和消费者，正在吞食市场份额并转变竞争格局。不能创造平台并学习战略新规则的传统企业将举步维艰。

Note

Week 5

01. 30

02. 05

只有当变革改变了“我们这里做事的方式”，并融入公司的血液之中时，才能确保持久。如果变革带来的新行为不能成为公司的公共规范和共同价值观的一部分，那么一旦变革的压力消失，就可能退回原样。

Change sticks when it becomes "the way we do things around here," when it seeps into the bloodstream of the corporate body. Until new behaviors are rooted in social norms and shared values, they are subject to degradation as soon as the pressure for change is removed.

Monday 30	*Tuesday* 31	*Wednesday*

S	M	T	W	T	F	S
1	2	3	4	5	6	7
8	9	10	11	12	13	14
15	16	17	18	19	20	21
22	23	24	25	26	27	28
29	30	31				

S	M	T	W	T	F	S
			1	2	3	4
5	6	7	8	9	10	11
12	13	14	15	16	17	18
19	20	21	22	23	24	25
26	27	28				

rsday 2

Friday 3

Saturday 4

Sunday 5

每周荐读：《HR的未来抉择——新奇事物综合症》，2015年7－8月刊

打造HR创新组织，管理者必须小心。如果接受太多新理念，或肤浅地应用它们，你会落得“赶时髦”的评价。透过表层，看清科学研究和新理念的内核，你才能着手为组织带来真正的变化。

Note

2017·02

克莱顿·克里斯坦森

Clayton M. Christensen

被誉为“颠覆式创新之父”，
首创“颠覆性技术”及“颠覆性创新”概念。

代表作：
《创新者的窘境》《创新者的解答》和《你要如何衡量你的人生》等。

February

S	M	T	W	T	F	S
			1 初五	2 初六	3 立春	4 初八
5 初九	6 初十	7 十一	8 十二	9 十三	10 十四	11 元宵节
12 十六	13 十七	14 情人节	15 十九	16 二十	17 廿一	18 雨水
19 廿三	20 廿四	21 廿五	22 廿六	23 廿七	24 廿八	25 廿九
26 二月	27 初二	28 初三				

Week 6

02. 06

02. 12

决定组织能力优劣的因素会随时间而变，最开始是资源，然后是清晰的流程和价值标准，最后演变为文化。

The factors that define an organization's capabilities and disabilities evolve over time—they start in resources; then move to visible, articulated processes and values; and migrate finally to culture.

Feb.
2017

Monday 6

Tuesday 7

Wednesday 8

S	M	T	W	T	F	S
			1	2	3	4
5	6	7	8	9	10	11
12	13	14	15	16	17	18
19	20	21	22	23	24	25
26	27	28				

ursday 9

Friday 10

Saturday 11

Sunday 12

每周荐读：《什么才是颠覆性创新》，2015 年 12 月刊

对“颠覆性创新”一词的种种解读已成为商业思考的重要部分，但误读和误用使其有效性受到威胁。

Note

Week 7

02. 13

02. 19

创新经理需要对公司的资源、流程和价值标准包含的能力，以及相对应的缺陷分别进行评估；在通过并购获得相关能力时，也需要这么做。

Just as innovating managers need to make separate assessments of the capabilities and disabilities that reside in their company's resources, processes, and values, so must they do the same with acquisitions when seeking to buy capabilities.

Monday 13

Tuesday 14

Wednesday 15

S	M	T	W	T	F	S
			1	2	3	4
5	6	7	8	9	10	11
12	13	14	15	16	17	18
19	20	21	22	23	24	25
26	27	28				

rsday 16

Friday 17

Saturday 18

Sunday 19

每周荐读：《为你的人生定战略！》，2016 年 2 月刊

克里斯坦森教授教学生如何运用管理和创新理论打造更具竞争力的公司，同时也相信这些理论能帮助我们过上更幸福的生活。人人都该自问这些问题：我如何确保在职业生涯中感到快乐？如何确保与配偶及家人的关系成为持续幸福的源泉？如何能够诚实正直地生活？

Note

Week 8

02. 20

02. 26

面临组织变革的管理者，首先必须判断自己是否具备成功所需的资源；然后还需要问自己另一个问题：组织是否具有在目前新形势下取得成功的流程和价值标准？

Managers whose organizations are confronting change must first determine whether they have the resources required to succeed. They then need to ask a separate question: Does the organization have the processes and values it needs to succeed in this new situation?

Monday 20

Tuesday 21

Wednesday 22

S	M	T	W	T	F	S
			1	2	3	4
5	6	7	8	9	10	11
12	13	14	15	16	17	18
19	20	21	22	23	24	25
26	27	28				

ursday 23

Friday 24

Saturday 25

Sunday 26

每周荐读：《应对颠覆性创新的挑战》，“哈佛商业评论管理必读”系列丛书之《大师十论》

大公司管理者并非看不到颠覆性变革的来临，也不缺少应对这些变革的资源。多数大公司都坐拥富有才干的管理者和专业人士、强有力的产品组合、一流的技术知识和雄厚的财力。其管理者缺乏的是一种思维习惯：像考虑个人能力一样考虑组织的能力。

Note

Week 9

02. 27

03. 05

对成熟企业而言，创新之所以如此艰难，是因为它们聘用优秀出众的人才，却让他们在流程和价值标准不适合现有任务的组织结构中工作。保证人才被配置到能力优秀的组织中，是我们这一变革时代管理者的主要责任。

The reason that innovation often seems to be so difficult for established companies is that they employ highly capable people and then set them to work within organizational structures whose processes and values weren't designed for the task at hand. Ensuring that capable people are ensconced in capable organizations is a major responsibility of management in a transformational age such as ours.

Monday 27

Tuesday 28

Wednesday 1

S	M	T	W	T	F	S
			1	2	3	4
5	6	7	8	9	10	11
12	13	14	15	16	17	18
19	20	21	22	23	24	25
26	27	28				

S	M	T	W	T	F	S
			1	2	3	4
5	6	7	8	9	10	11
12	13	14	15	16	17	18
19	20	21	22	23	24	25
26	27	28	29	30	31	

ursday 2

Friday 3

Saturday 4

Sunday 5

每周荐读 :《资本主义的窘境》，2014 年 6 月刊

自 2008 年金融危机爆发以来，世界经济就一直在复苏之路上蹒跚。利率已创下历史新低，怀揣巨额现金储备的企业却依旧不愿投资到那些可能促进发展的创新活动。这不禁让我们深思，造成这种局面的原因何在？到底是什么在拖累经济增长？

Note

2017 · 03

托马斯·达文波特

Thomas H.Davenport

"流程再造"的创建者之一，
也是"知识管理"运动的缔造者之一。

代表作：
《营运知识》《最优理念》和《思考生存》等。

March

S	M	T	W	T	F	S
			1 初四	2 初五	3 初六	4 初七
5 惊蛰	6 初九	7 初十	8 妇女节	9 十二	10 十三	11 十四
12 植树节	13 十六	14 十七	15 十八	16 十九	17 二十	18 廿一
19 廿二	20 春分	21 廿四	22 廿五	23 廿六	24 廿七	25 廿八
26 廿九	27 三十	28 三月	29 初二	30 初三	31 初四	

Week 10

03. 06

03. 12

一些公司基于它们收集分析数据的能力，并根据数据决定自己的行动而获得成功；每家公司都可以学习这种做法。

Some companies have built their very businesses on their ability to collect, analyze, and act on data. Every company can learn from what these firms do.

Monday 6

Tuesday 7

Wednesday 8

S	M	T	W	T	F	S
			1	2	3	4
5	6	7	8	9	10	11
12	13	14	15	16	17	18
19	20	21	22	23	24	25
26	27	28	29	30	31	

ursday 9

Friday 10

Saturday 11

Sunday 12

每周荐读：《用知识地图挖掘竞争优势》，2015 年 4 月

在当今这个知识经济时代，只有极少数公司清楚地知道自己未来发展依赖的知识资产是什么。来自顾客、运营部门和员工的海量复杂数据很难转化为有用的知识，而过度关注大数据，可能导致企业忽视更重要的事情。

Note

Week 11

03. 13

03. 19

现在许多行业的公司产品同质化，所用技术也比较相近；能够实现差异化的方面所剩无几，商业流程就是其中之一。重视数据分析的竞争者会竭力从这些流程中挤出每一滴价值。

At a time when firms in many industries offer similar products and use comparable technologies, business processes are among the last remaining points of differentiation. And analytics competitors wring every last drop of value from those processes.

Monday 13	*Tuesday* 14	*Wednesday* 15

S	M	T	W	T	F	S
			1	2	3	4
5	6	7	8	9	10	11
12	13	14	15	16	17	18
19	20	21	22	23	24	25
26	27	28	29	30	31	

rsday 16

Friday 17

Saturday 18

Sunday 19

每周荐读：《超越机器人：人类保持竞争力的 5 剂药方》，2015 年 6 月刊

机器人开始侵占知识型工作领域，人类的就业前景越发黯淡。但如果我们换个思路，将机器与人在工作中的关系定义为相互支持的增益关系，情况就大不一样了。机器能帮助人类的工作更上一层楼，到达此前无法企及的高度。

Note

12/53

Week 12

03. 20

03. 26

数据分析在整个公司范围内的推广，会促成公司文化、业务流程、行为方式和大量员工工作技能的转变。因此，如同组织内任何重要的转变一样，这需要有对数据分析法充满激情的高管来进行领导。

A companywide embrace of analytics impels changes in culture, processes, behavior, and skills for many employees. And so, like any major transition, it requires leadership from executives at the very top who have a passion for the quantitative approach.

Monday 20

Tuesday 21

Wednesday 22

S	M	T	W	T	F	S
			1	2	3	4
5	6	7	8	9	10	11
12	13	14	15	16	17	18
19	20	21	22	23	24	25
26	27	28	29	30	31	

rsday 23

Friday 24

Saturday 25

Sunday 26

每周荐读：《欢迎光临“认知时代”》，2016 年 3 月刊

将来的计算机不仅能通过事先编写的程序完成特定任务，还能凭借认知能力像人类一样经由训练、启发、联想和思考学会新的技能，成为人类的助手或某些领域的专家。

Note

Week 13

03. 27

04. 02

尽管分析型竞争者鼓励作决策时都要基于事实，它们也必须作出选择，在何处进行需要较多分析资源的活动。

Although analytics competitors encourage universal fact-based decisions, they must choose where to direct resource intensive efforts.

Monday 27

Tuesday 28

Wednesday 29

S	M	T	W	T	F	S
			1	2	3	4
5	6	7	8	9	10	11
12	13	14	15	16	17	18
19	20	21	22	23	24	25
26	27	28	29	30	31	

S	M	T	W	T	F	S
						1
2	3	4	5	6	7	8
9	10	11	12	13	14	15
16	17	18	19	20	21	22
23	24	25	26	27	28	29
30						

ursday 30

Friday 31

Saturday 1

Sunday 2

每周荐读：荐读《超级预测法》，2016 年 5 月刊

组织和个人常常难以准确预测不确定事件，预测活动常常受主观因素影响，如预测者对认知偏差的意识、对影响力的诉求和有关名誉的考量。为提升预测能力，企业应实时了解高层团队作判断的情况，还应要求预测团队将结论量化，并精准评估预测准确性以供比较。

Note

2017 · 04

罗莎贝斯 · 莫斯 · 坎特

Rosabeth Moss Kanter

哈佛商学院教授，研究领域为战略、
创新和变革领导力。

代表作：
《连胜的艺术》《公司的王道》和《走在企业管理前沿》等。

April

S	M	T	W	T	F	S
						1 愚人节
2 初六	3 初七	4 清明节	5 初九	6 初十	7 十一	8 十二
9 十三	10 十四	11 十五	12 十六	13 十七	14 十八	15 十九
16 二十	17 廿一	18 廿二	19 廿三	20 谷雨	21 廿五	22 廿六
23 廿七	24 廿八	25 廿九	26 四月	27 初二	28 初三	29 初四
30 初五						

Week 14

04. 03
04. 09

尽管环境不断变化，创新的类型也各不相同，每一轮热情高涨的创新浪潮都面临相同的困境。这些困境大多源于两种平衡之间的冲突：一方面确保现有业务能够创造源源不断的收入，这是当下成功的关键；另一方面又要支持新的创意，因为这或许是未来成功的关键。

Still, despite changes to the environment and differences among types of innovation, each wave of enthusiasm has encountered similar dilemmas. Most of these stem from the tensions between protecting revenue streams from existing businesses critical to current success and supporting new concepts that may be crucial to future success.

Monday 3	*Tuesday* 4	*Wednesday* 5

S	M	T	W	T	F	S
						1
2	3	4	5	6	7	8
9	10	11	12	13	14	15
16	17	18	19	20	21	22
23	24	25	26	27	28	29
30						

rsday 6

Friday 7

Saturday 8

Sunday 9

每周荐读：《躲开创新的经典陷阱》，“哈佛商业评论管理必读”系列丛书之《大师十论》

许多公司在创新过程中重复犯错，拖慢了增长速度。一些公司只投资那些似乎会大获成功的创意，忽略了小的创新；还有一些公司让创新业务遵循和成熟业务一样严格的考核标准，推出的创新产品不过是原有产品的翻版。要想避免这些错误，须从过去的失败中学习。

Note

Week 15

04. 10

04. 16

不是所有的创新都必然成为市场的重磅炸弹，很多小创新或渐进式创新也能够创造高额利润。

Not every innovation idea has to be a blockbuster. Sufficient numbers of small or incremental innovations can lead to big profits.

Monday 10	*Tuesday* 11	*Wednesday* 12

S	M	T	W	T	F	S
						1
2	3	4	5	6	7	8
9	10	11	12	13	14	15
16	17	18	19	20	21	22
23	24	25	26	27	28	29
30						

ursday 13

Friday 14

Saturday 15

Sunday 16

每周荐读：《批评的创新能量》，2016 年 1 月刊

商业世界充斥着有关新产品、新服务和新商业模式的构想，然而管理者却难以把握最佳创意。为了对各种创意进行评估筛选，公司须应用一套由内而外的具体方法，依靠批评实现创新。

Note

Week 16

04. 17

04. 23

不要只专注于新产品开发：有创意的想法同样重要，它来源于企业的各个职能部门，例如市场、生产、财务或物流部门。

Don't just focus on new product development: Transformative ideas can come from any function—for instance, marketing, production, finance, or distribution.

Monday 17

Tuesday 18

Wednesday 19

S	M	T	W	T	F	S
						1
2	3	4	5	6	7	8
9	10	11	12	13	14	15
16	17	18	19	20	21	22
23	24	25	26	27	28	29
30						

ursday 20

Friday 21

Saturday 22

Sunday 23

每周荐读：《创新来自原创性文化》，2016年3月刊

我们总以为真正的创新者很罕见，但实际上大多数人都有能力进行原创性思考。领导者可以通过构建“不服从”的文化，推动组织取得成功。

Note

Week 17

04. 24

04. 30

控制太严会扼杀创新。让创新业务采用现有业务遵从的流程执行标准——包括计划、预算与评估，会令创新失去活力。

Tight controls strangle innovation. The planning, budgeting, and reviews applied to existing businesses will squeeze the life out of an innovation effort.

Monday 24

Tuesday 25

Wednesday 26

S	M	T	W	T	F	S
						1
2	3	4	5	6	7	8
9	10	11	12	13	14	15
16	17	18	19	20	21	22
23	24	25	26	27	28	29
30						

ursday 27

Friday 28

Saturday 29

Sunday 30

每周荐读：《提升你的失败回报率》，2016 年 5 月刊

尽管领导者知道，在追求创新和增长的过程中必须容忍甚至支持失败，但多数人仍然极力避免失败。提高失败回报率，从失败项目中获取洞见并加以记录，能够提高对失败的接受度。

Note

2017 · 05

彼得 · 德鲁克

Peter F. Drucker

被誉为“现代管理学之父”，首次提出“管理学”概念。他的管理思想涉及管理学方方面面，营销、目标管理和知识工作者等许多概念均由他提出。他一生在《哈佛商业评论》上共发表 38 篇文章，至今无人打破这一纪录。

代表作：

《管理:使命、责任、实务》《管理的实践》《卓有成效的管理者》和《21 世纪的管理挑战》等数十部著作。

May

S	M	T	W	T	F	S
	1 劳动节	2 初七	3 初八	4 青年节	5 立夏	6 十一
7 十二	8 十三	9 十四	10 十五	11 十六	12 十七	13 十八
14 母亲节	15 二十	16 廿一	17 廿二	18 廿三	19 廿四	20 廿五
21 小满	22 廿七	23 廿八	24 廿九	25 三十	26 五月	27 初二
28 初三	29 初四	30 端午节	31 初六			

Week 18

05. 01

05. 07

创新体现的是创造未来的理念。然而，除非经理人愿意花时间向过去学习，否则企业对创新的探索注定要以失败告终。

Innovation involves ideas that create the future. But the quest for innovation is doomed unless the managers who seek it take time to learn from the past.

Monday 1	*Tuesday* 2	*Wednesday* 3

S	M	T	W	T	F	S
	1	2	3	4	5	6
7	8	9	10	11	12	13
14	15	16	17	18	19	20
21	22	23	24	25	26	27
28	29	30	31			

rsday 4

Friday 5

Saturday 6

Sunday 7

每周荐读 :《自我管理》,“哈佛商业评论管理必读”系列丛书之《大师十论》

我们生活的这个时代有着前所未有的机遇，只要有雄心、干劲和才智，你就能登上事业巅峰。伴随机遇而来的是责任，你必须成为自己的 CEO，自己在职场闯出一片天地。为此，你必须培养深刻的自我认知，结合自身优势，才能实现长久的真正的卓越。

Note

19/53

Week 19

05.08

05.14

在知识经济时代，成功青睐那些了解自己的人——也就是那些了解自身优势、价值观以及如何表现最佳的人。

Success in the knowledge economy comes to those who know themselves—their strengths, their values, and how they best perform.

Monday 8	*Tuesday* 9	*Wednesday* 10

S	M	T	W	T	F	S
	1	2	3	4	5	6
7	8	9	10	11	12	13
14	15	16	17	18	19	20
21	22	23	24	25	26	27
28	29	30	31			

ursday 11

Friday 12

Saturday 13

Sunday 14

每周荐读：《管理世纪》，哈佛商业评论增刊《管理世纪》

管理主义的工作尚未结束，因为归根结底，管理是为了让人类和人类的组织更加有效；也因为人类自身的天性，所以永远不会有“最好的方法”。但“更好的方法”是永远存在的，因此管理也将继续为之探求。

Note

Week 20

历史上成就非凡的人物——无论是像拿破仑、达芬奇，还是像莫扎特那样的人——都一直坚持自我管理。在很大程度上，这正是他们成就非凡的原因。

History's great achievers—a Napoléon, a daVinci, a Mozart—have always managed themselves.
That, in large measure, is what makes them great achievers.

Monday 15	*Tuesday* 16	*Wednesday* 17

S	M	T	W	T	F	S
	1	2	3	4	5	6
7	8	9	10	11	12	13
14	15	16	17	18	19	20
21	22	23	24	25	26	27
28	29	30	31			

ursday 18

Friday 19

Saturday 20

Sunday 21

每周荐读：《如何成为高效领导者》，“哈佛商业评论管理必读”系列丛书之《什么造就了领导者》

领导力不是由个性特质或特殊才能决定的，优秀的领导者往往在个性和价值观等方面大相径庭，但高效领导者都会用正确的方法做正确的事，都遵循着 8 项习惯做法。

Note

Week 21

05. 22

05. 28

一个人要想有所作为，只能靠发挥优势。我们不可能在自己不擅长的事情上取得成就，更不用说那些自己根本无能为力的事情了。

A person can perform only from strength. One cannot build performance on weaknesses, let alone on something one cannot do at all.

May.
2017

Monday 22

Tuesday 23

Wednesday 24

S	M	T	W	T	F	S
	1	2	3	4	5	6
7	8	9	10	11	12	13
14	15	16	17	18	19	20
21	22	23	24	25	26	27
28	29	30	31			

ursday 25

Friday 26

Saturday 27

Sunday 28

每周荐读：《职场行动力：重掌工作主动权》，“哈佛商业评论管理必读”系列丛书之《自我发现与重塑》

来自各方的需求让我们疲于应对，浪费了时间，降低了工作效率，这是因为我们错误地将需求当成要求，对工作缺乏自主权。如果能学会如何抓住机会，相信自己的判断，并有条不紊地实现与组织目标一致的个人目标，就能走出这一困境。

Note

Week 22

05. 29

06. 04

要发现你的优势，唯一的方法就是反馈分析法。每当你作重要决定或采取重要行动时，写下你期望发生的结果。9 或 12 个月以后，将实际结果与你的期望进行对比。

The only way to discover your strengths is through feedback analysis. Whenever you make a key decision or take a key action, write down what you expect will happen. Nine or 12 months later, compare the actual results with your expectations.

Monday 29	*Tuesday* 30	*Wednesday* 31

S	M	T	W	T	F	S
	1	2	3	4	5	6
7	8	9	10	11	12	13
14	15	16	17	18	19	20
21	22	23	24	25	26	27
28	29	30	31			

S	M	T	W	T	F	S
				1	2	3
4	5	6	7	8	9	10
11	12	13	14	15	16	17
18	19	20	21	22	23	24
25	26	27	28	29	30	

rsday 1

Friday 2

Saturday 3

Sunday 4

每周荐读：《“幸福”是碗心灵鸡汤》，2015 年 7 – 8 月刊

对我们大多数人而言，那么多的快乐是很有压迫感的。阅读那些讲述幸福概念的心灵鸡汤，对于打造有意义的人际关系或完美的职业生涯用处不大。不读那些书，我们会以不同的方式追求成就感，从长远来看同样能过得很好，甚至有可能更加幸福。

Note

2017 · 06

罗伯特·卡普兰

Robert S. Kaplan

“平衡计分卡”创始人，打破了传统的只注重财务指标的考核方法。

代表作：

《平衡积分卡》《战略中心型组织》等。

June

S	M	T	W	T	F	S
				1 儿童节	2 初八	3 初九
4 初十	5 芒种	6 十二	7 十三	8 十四	9 十五	10 十六
11 十七	12 十八	13 十九	14 二十	15 廿一	16 廿二	17 廿三
18 父亲节	19 廿五	20 廿六	21 夏至	22 廿八	23 廿九	24 六月
25 初二	26 初三	27 初四	28 初五	29 初六	30 初七	

Week 23

“平衡计分卡远远不只是一种绩效衡量手段，而是一种管理系统，能够推动公司在生产、流程、客户和市场开发等关键领域实现突破性的进步。

Much more than a measurement exercise, the balanced scorecard is a management system that can motivate breakthrough improvements in such critical areas as product, process, customer, and market development.”

Monday 5	*Tuesday* 6	*Wednesday* 7

S	M	T	W	T	F	S
				1	2	3
4	5	6	7	8	9	10
11	12	13	14	15	16	17
18	19	20	21	22	23	24
25	26	27	28	29	30	

ursday 8

Friday 9

Saturday 10

Sunday 11

每周荐读：《平衡计分卡的实践应用》，“哈佛商业评论管理必读”系列丛书之《大师十论》

管理者明白公司设定的衡量指标对绩效有着巨大的影响，却很少会把衡量指标作为战略中必不可少的组成部分。平衡计分卡为管理者提供一种综合性的框架，将公司战略目标转化成为一套相互关联的绩效衡量指标。

***

Note

Week 24

平衡计分卡引导管理者从 4 个不同的维度选择衡量指标。平衡计分卡在客户、内部流程、创新与改进这 3 个维度设立了绩效衡量指标，从而弥补了传统财务指标的不足。

The scorecard presents managers with four different perspectives from which to choose measures. It complements traditional financial indicators with measures of performance for customers, internal processes, and innovation and improvement activities.

Jun.
2017

Monday 12	*Tuesday* 13	*Wednesday* 14

S	M	T	W	T	F	S
				1	2	3
4	5	6	7	8	9	10
11	12	13	14	15	16	17
18	19	20	21	22	23	24
25	26	27	28	29	30	

ursday 15

Friday 16

Saturday 17

Sunday 18

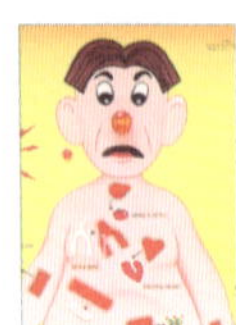

每周荐读：《医疗成本管理误区》，2015 年 4 月刊

医疗机构管理者为了提高财务收益，通常会削减一些项目开支，设法增加看诊量，但降低成本容易陷入误区，反而增加了成本。管理者应与一线医生一道深入分析各环节发生的成本，从而评估、改善和规范流程，在降低成本的同时保持乃至提高服务质量。

Note

Week 25

06.19

06.25

平衡计分卡可以成为企业运营活动的关注点，定义企业的重要事项，并使管理者、员工、投资者乃至客户都了解这些重要事项。

The balanced scorecard can serve as the focal point for the organization's efforts, defining and communicating priorities to managers, employees, investors, even customers.

Monday 19

Tuesday 20

Wednesday 21

S	M	T	W	T	F	S
				1	2	3
4	5	6	7	8	9	10
11	12	13	14	15	16	17
18	19	20	21	22	23	24
25	26	27	28	29	30	

rsday 22

Friday 23

Saturday 24

Sunday 25

每周荐读：《职业挑战：领导者自省7问》，“哈佛商业评论管理必读”系列丛书之《自我发现与重塑》

职位越高越难获得别人对你的真实看法。如何才能了解自己在工作上的真实表现，并避免为组织带来灾难？你可以用自省的方式寻找答案。自问自省可以帮助你应对职业生涯中无法回避的领导力挑战，确保自己不偏离正轨。

Note

Week 26

06. 26

07. 02

平衡计分卡并不是一种放诸四海而皆准的通用工具。不同的市场情况、产品战略、竞争环境需要不同的平衡计分卡。

The balanced scorecard is not a template that can be applied to businesses in general or even industry wide. Different market situations, product strategies, and competitive environments require different scorecards.

Monday 26	*Tuesday* 27	*Wednesday* 28

S	M	T	W	T	F	S
				1	2	3
4	5	6	7	8	9	10
11	12	13	14	15	16	17
18	19	20	21	22	23	24
25	26	27	28	29	30	

S	M	T	W	T	F	S
						1
2	3	4	5	6	7	8
9	10	11	12	13	14	15
16	17	18	19	20	21	22
23	24	25	26	27	28	29
30	31					

ursday 29

Friday 30

Saturday 1

Sunday 2

每周荐读 :《初创公司需要“精益战略”》, 2016 年 3 月刊

创业需要初创公司具备机会主义特质，随客户需求迅速转变轨道，因此，创业者往往将战略视为创业的敌人。然而规定公司大方向的战略不可或缺。初创公司须将传统战略和精益创业实践相结合，让员工为共同目标奋斗，最大化利用有限资源，从市场中学习，然后调整战略。

Note

2017 · 07

迈克尔 · 波特

Michael E.Porter

哈佛商学院校级教授，被誉为“竞争战略之父”，
提出了“五力模型”与“价值链理论”。

代表作：
《竞争战略》《竞争优势》和《国家竞争优势》。

July

S	M	T	W	T	F	S
						1 建党节
2 初九	3 初十	4 十一	5 十二	6 十三	7 小暑	8 十五
9 十六	10 十七	11 十八	12 十九	13 二十	14 廿一	15 廿二
16 廿三	17 廿四	18 廿五	19 廿六	20 廿七	21 廿八	22 廿九
23 大暑	24 初二	25 初三	26 初四	27 初五	28 初六	29 初七
30 初八	31 初九					

Week 27

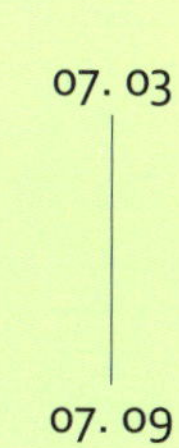

取得卓越绩效是任何企业的首要目标，运营效益和战略是实现这一目标的两大关键因素，但两者发挥作用的方式差别很大。

Operational effectiveness and strategy are both essential to superior performance, which, after all, is the primary goal of any enterprise. But they work in very different ways.

Monday 3	*Tuesday* 4	*Wednesday* 5

S	M	T	W	T	F	S
						1
2	3	4	5	6	7	8
9	10	11	12	13	14	15
16	17	18	19	20	21	22
23	24	25	26	27	28	29
30	31					

ursday 6

Friday 7

Saturday 8

Sunday 9

每周荐读：《物联网时代企业竞争战略》，2014年11月刊

信息技术为所有产品带来革命性巨变。原先单纯由机械和电子部件组成的产品，现在已进化为各种复杂的系统。借助计算能力和装置迷你化技术的重大突破，这些“智能互联产品”将开启一个企业竞争的新时代。

Note

Week 28

07.10

07.16

竞争战略，就是要做到差异化。它意味着企业要深思熟虑地选择一套与竞争对手不同的做法，创造独特的价值组合。

Competitive strategy is about being different. It means deliberately choosing a different set of activities to deliver a unique mix of value.

Monday 10

Tuesday 11

Wednesday 12

S	M	T	W	T	F	S
						1
2	3	4	5	6	7	8
9	10	11	12	13	14	15
16	17	18	19	20	21	22
23	24	25	26	27	28	29
30	31					

ursday 13

Friday 14

Saturday 15

Sunday 16

每周荐读：《物联网时代企业竞争战略（续篇）》，2015 年 10 月刊

智能互联产品提供了前所未有的新功能和海量数据，这一切正在改变企业与客户之间的互动方式。新的产品功能、新的基础设施以及它们产生的数据，正在改变组织价值链上几乎每一个职能部门，此外还需要部门之间开展更为紧密的协作。跨部门的新协作形式和全新的职能部门都将涌现。

Note

Week 29

07. 17

07. 23

定位取舍在竞争中非常普遍，对战略至关重要。它不仅让企业必须进行选择，还有意识地限制了一家企业提供的产品和服务。它会阻挡那些骑墙者和重新定位者。

Positioning trade-offs are pervasive in competition and essential to strategy. They create the need for choice and purposefully limit what a company offers. They deter straddling or repositioning.

Monday 17	*Tuesday* 18	*Wednesday* 19

S	M	T	W	T	F	S
						1
2	3	4	5	6	7	8
9	10	11	12	13	14	15
16	17	18	19	20	21	22
23	24	25	26	27	28	29
30	31					

rsday 20

Friday 21

Saturday 22

Sunday 23

每周荐读：《“新权力”时代》，2014 年 12 月刊

主宰全球的权力正在悄然发生变化，其背后是两股相互博弈的权力：旧权力和新权力。新权力的商业模型是由同侪协作和大众媒介造就的，而旧权力则缘于企业和个人对某种东西的独家拥有、知晓或掌控。

Note

Week 30

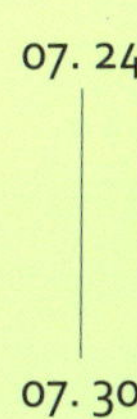

战略就是在竞争中做取舍，其实质就是选择不做什么。如果没有取舍，就无须做选择；如此一来，也就没有制定战略的必要。

Strategy is making trade-offs in competing. The essence of strategy is choosing what not to do. Without tradeoffs, there would be no need for choice and thus no need for strategy.

Monday 24	*Tuesday* 25	*Wednesday* 26

S	M	T	W	T	F	S
						1
2	3	4	5	6	7	8
9	10	11	12	13	14	15
16	17	18	19	20	21	22
23	24	25	26	27	28	29
30	31					

ursday 27

Friday 28

Saturday 29

Sunday 30

每周荐读：《若能“两全”何必“择一”》，2016年5月刊

长期与短期、协作与竞争、社会使命与财务压力，这些问题看似是非此即彼的选择，实际上是需要始终兼顾的战略悖论。领导者不必过分追求“始终如一”的战略，要具备“两全其美”的思维方式，对相互冲突的利益群体和战略分别予以支持，同时设法将其统一。

Note

Week 31

企业所有活动之间的战略配称不仅是竞争优势的基础，也是竞争优势得以持续的基础。对竞争对手而言，模仿一套具体的销售方法、一套技术或者产品特性也许比较容易，但模仿一组环环相扣的活动则要困难得多。

Strategic fit among many activities is fundamental not only to competitive advantage but also to the sustainability of that advantage. It is harder for a rival to match an array of interlocked activities than it is merely to imitate a particular sales-force approach, match a process technology, or replicate a set of product features.

Monday 31

Tuesday 1

Wednesday 2

S	M	T	W	T	F	S
						1
2	3	4	5	6	7	8
9	10	11	12	13	14	15
16	17	18	19	20	21	22
23	24	25	26	27	28	29
30	31					

S	M	T	W	T	F	S
		1	2	3	4	5
6	7	8	9	10	11	12
13	14	15	16	17	18	19
20	21	22	23	24	25	26
27	28	29	30	31		

hursday 3

Friday 4

Saturday 5

Sunday 6

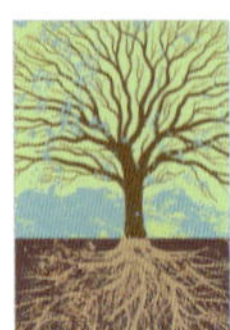

每周荐读：《战略起源》，2015 年 5 月刊

战略通过资源配置而在竞争关系中促成彻底改变，能够缓和其革命性特征的只有两种基本抑制力：其一是失败，失败带来的影响可能与成功同样深远；其二是警惕的防御者相对进攻者而言的内在优势。成功通常取决于竞争者的文化、观念、态度和特征行为，以及竞争者对彼此的认识。

Note

2017·08

丹尼尔·戈尔曼

Daniel Goleman

被誉为“情商之父”，专注于心理学和领导力领域，
首次将情绪及其影响力引入管理学研究领域。

代表作：

《专注》《情商》等。

August

S	M	T	W	T	F	S
		1 建军节	2 十一	3 十二	4 十三	5 十四
6 十五	7 立秋	8 十七	9 十八	10 十九	11 二十	12 廿一
13 廿二	14 廿三	15 廿四	16 廿五	17 廿六	18 廿七	19 廿八
20 廿九	21 三十	22 七月	23 处暑	24 初三	25 初四	26 初五
27 初六	28 七夕节	29 初八	30 初九	31 初十		

Week 32

08. 07

08. 13

即便一个人受过世界上最好的训练，思维犀利，创意无限，但如果他缺乏情商，依然无法成为一位卓越领导者。

Without emotional intelligence, a person can have the best training in the world, an incisive, analytical mind, and an endless supply of smart ideas, but he still won't make a great leader.

Monday 7

Tuesday 8

Wednesday 9

S	M	T	W	T	F	S
		1	2	3	4	5
6	7	8	9	10	11	12
13	14	15	16	17	18	19
20	21	22	23	24	25	26
27	28	29	30	31		

ursday 10

Friday 11

Saturday 12

Sunday 13

每周荐读 :《情绪领导力：自我发现与重塑》，“哈佛商业评论管理必读”系列丛书之《自我发现与重塑》

领导者的个人情绪，是对企业业绩影响最大的一个因素。领导者的情商不仅与个人业绩相关，还会影响他人的情绪和行为。“情绪领导力”意味着你能理解自己对他人的影响，然后对自己的风格进行相应的调整。在你肩负起领导的责任之前，既关键又困难的一步是自我发现。

Note

Week 33

08. 14

08. 20

情商的各个组成要素为自我认知、自我调控、自我驱动力、同理心和社交技能。

The components of emotional intelligence are self-awareness, self-regulation, motivation, empathy, and social skill.

Monday 14

Tuesday 15

Wednesday 16

S	M	T	W	T	F	S
		1	2	3	4	5
6	7	8	9	10	11	12
13	14	15	16	17	18	19
20	21	22	23	24	25	26
27	28	29	30	31		

ursday 17

Friday 18

Saturday 19

Sunday 20

每周荐读：《把脉组织情感文化》，2016 年 1 月刊

许多公司不留意员工工作时的感受，这给个人和组织都带来了问题。研究表明，情感会影响员工的忠诚度、创造力、决策力、工作质量和继续为公司效力的意愿，而公司利润可以反映出情感的实际影响。

Note

Week 34

08. 21

08. 27

在公司中的职位越高，情商的作用就越重要，因为对高层管理者来说，专业技能上的差异已经变得无足轻重。

Emotional intelligence played an increasingly important role at the highest levels of the company, where differences in technical skills are of negligible importance.

Monday 21	*Tuesday* 22	*Wednesday* 23

S	M	T	W	T	F	S
		1	2	3	4	5
6	7	8	9	10	11	12
13	14	15	16	17	18	19
20	21	22	23	24	25	26
27	28	29	30	31		

ursday 24

Friday 25

Saturday 26

Sunday 27

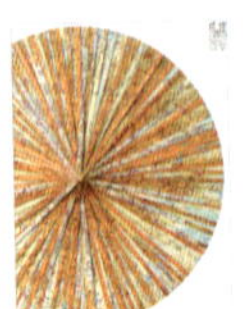

每周荐读 :《当文化冲突来袭》,2015 年 10 月刊

很多跨国公司深受沟通不畅和误解之害，总部和各个分公司之间尤其如此。如何在不损害核心竞争力的同时化解文化冲突，避免信任危机？本文提供了 5 项原则供参考。

Note

Week 35

08. 28

09. 03

“所谓自我认知，是指对自身情绪、长处、弱点、个人需求和内心驱动力的深刻洞悉。

Self-awareness means having a deep understanding of one's emotions, strengths, weaknesses, needs, and drives.”

Monday 28

Tuesday 29

Wednesday 30

S	M	T	W	T	F	S
		1	2	3	4	5
6	7	8	9	10	11	12
13	14	15	16	17	18	19
20	21	22	23	24	25	26
27	28	29	30	31		

S	M	T	W	T	F	S
					1	2
3	4	5	6	7	8	9
10	11	12	13	14	15	16
17	18	19	20	21	22	23
24	25	26	27	28	29	30

ursday 31

Friday 1

Saturday 2

Sunday 3

每周荐读：《学会喜欢职场社交》，2016年5月刊

社交是当今职场人士的必选项。大量研究证实，职业人际网络能带来更多工作和商业机会，拓展知识的广度和深度，提升创新能力，让你更快获得职业上的提升，得到更高的地位和权威。

Note

2017 · 09

西奥多·莱维特

Theodore Levitt

哈佛商学院教授，他是市场营销领域里程碑式的人物，其营销思想构筑起现代营销理念的基础。

代表作：

《营销想象力》《营销创新》等。

September

S	M	T	W	T	F	S
					1 十一	2 十二
3 十三	4 十四	5 十五	6 十六	7 白露	8 十八	9 十九
10 教师节	11 廿一	12 廿二	13 廿三	14 廿四	15 廿五	16 廿六
17 廿七	18 廿八	19 廿九	20 八月	21 初二	22 初三	23 秋分
24 初五	25 初六	26 初七	27 初八	28 初九	29 初十	30 十一

Week 36

09. 04

09. 10

如果铁路行业的领导者们不是把自己看成是“铁路行业”，而是运输行业，那么这个行业就会持续增长。

Had railroad executives seen themselves as being in the transportation business rather than the railroad business, they would have continued to grow.

Monday 4	*Tuesday* 5	*Wednesday* 6

S	M	T	W	T	F	S
					1	2
3	4	5	6	7	8	9
10	11	12	13	14	15	16
17	18	19	20	21	22	23
24	25	26	27	28	29	30

rsday 7

Friday 8

Saturday 9

Sunday 10

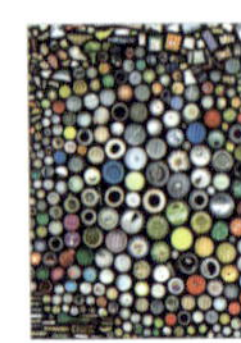

每周荐读：《客户情感新学》，2015 年 11 月刊

很多公司都知道情感能影响客户行为，但如何才能建立起鼓励理想客户行为的联系，很多时候只能靠猜。本文利用大数据分析，提出一系列“情感动力”，帮助公司设计针对特定客户群体的营销及其他战略，获得竞争优势和新资源。

Note

Week 37

09. 11

09. 17

铁路如今陷入困境，不是因为相关需求被其他工具（小汽车、卡车、飞机甚至电话）满足了，而是因为铁路行业自己没能满足这些需求。

The railroads are in trouble today not because that need was filled by others (cars, trucks, airplanes, and even telephones) but because it was not filled by the railroads themselves.

Monday 11	*Tuesday* 12	*Wednesday* 13

S	M	T	W	T	F	S
					1	2
3	4	5	6	7	8	9
10	11	12	13	14	15	16
17	18	19	20	21	22	23
24	25	26	27	28	29	30

rsday 14

Friday 15

Saturday 16

Sunday 17

每周荐读：《创新性营销——征服决策团队》，2015 年 6 月刊

许多大企业的采购决定是由多个管理者共同决定的，不同的管理者关心的重点不同，所以让这些人统一意见成为了供应商的新需求。销售的首要任务不再是让客户和自己建立联系，而是让客户公司内部的决策人之间建立联系。

Note

Week 38

09.18

09.24

任何人都可以以某种方式生存，甚至贫民窟的流浪汉也是如此。关键是要英勇地生存，感受精通商业的兴奋和冲动——不仅要体验成功的甜蜜，还要从内心深处感受企业家精神的伟大。

Anybody can survive in some way or other, even the skid row bum. The trick is to survive gallantly, to feel the surging impulse of commercial mastery: not just to experience the sweet smell of success but to have the visceral feel of entrepreneurial greatness.

Monday 18

Tuesday 19

Wednesday 20

S	M	T	W	T	F	S
					1	2
3	4	5	6	7	8	9
10	11	12	13	14	15	16
17	18	19	20	21	22	23
24	25	26	27	28	29	30

ursday 21

Friday 22

Saturday 23

Sunday 24

每周荐读 :《众创文化：重构社交媒体时代的品牌建设》，2016 年 3 月刊

企业为社交媒体内容营销投入了巨额资金，消费者却兴趣寥寥。网民自己制作的创意娱乐内容，企业难以匹敌。这种众创文化让传统营销方式失效，也催生了更强大的品牌建设方法。企业可以与众创文化合作，在市场中推行与众不同的理念。

Note

Week 39

09. 25

10. 01

“

如果一家公司缺乏富有魄力、被强烈的成功愿望所驱使的领导者，就无法变得伟大。领导者必须具有伟大愿景，能够吸引大量充满激情的追随者。

No organization can achieve greatness without a vigorous leader who is driven onward by a pulsating will to succeed. A leader has to have a vision of grandeur, a vision that can produce eager followers in vast numbers.

”

Monday 25	*Tuesday* 26	*Wednesday* 27

S	M	T	W	T	F	S
					1	2
3	4	5	6	7	8	9
10	11	12	13	14	15	16
17	18	19	20	21	22	23
24	25	26	27	28	29	30

S	M	T	W	T	F	S
1	2	3	4	5	6	7
8	9	10	11	12	13	14
15	16	17	18	19	20	21
22	23	24	25	26	27	28
29	30	31				

hursday 28

Friday 29

Saturday 30

Sunday 1

每周荐读：《销售团队激励新法则》，2015 年 4 月刊

销售人员薪酬是公司的一项主要成本，销售工作的效率是公司收入的重要影响因素，然而销售团队总是对公司的薪酬和绩效评估体系有很多意见。企业已经开始与研究者分享销售团队薪酬数据，希望能找到更有效的激励方案。

Note

2017·10

C.K. 普拉哈拉德

C.K. Prahalad

核心竞争力理论创始人之一，国际公认的公司战略和跨国公司管理领域专家，对世界上的贫困群体一直保持深切关注。

代表作：

《金字塔底层的财富》《穷人的商机》《普拉哈拉德企业成功定律》等。

October

S	M	T	W	T	F	S
1 国庆节	2 十三	3 十四	4 中秋节	5 十六	6 十七	7 十八
8 寒露	9 二十	10 廿一	11 廿二	12 廿三	13 廿四	14 廿五
15 廿六	16 廿七	17 廿八	18 廿九	19 三十	20 九月	21 初二
22 初三	23 霜降	24 初五	25 初六	26 初七	27 初八	28 重阳节
29 初十	30 十一	31 万圣节				

Week 40

10. 02

10. 08

从长期来看，竞争优势取决于企业能否以比对手更低的成本和更快的速度构建起核心竞争力，因为核心竞争力将为公司打造出意想不到的产品。

In the long run, competitiveness derives from an ability to build, at lower cost and more speedily than competitors, the core competencies that spawn unanticipated products.

Oct.
2017

Monday 2	*Tuesday* 3	*Wednesday* 4

S	M	T	W	T	F	S
1	2	3	4	5	6	7
8	9	10	11	12	13	14
15	16	17	18	19	20	21
22	23	24	25	26	27	28
29	30	31				

ursday 5

Friday 6

Saturday 7

Sunday 8

每周荐读：《让初创公司渡过“青春期”》，2016 年 3 月刊

初创公司需要规模化，聘请专业人士，增加管理层次，加强计划和预测，并继续加强组织文化价值观，如此方能实现长期增长，而且有助于探索新的机遇。

Note

Week 41

10.09

10.15

本田的汽车发动机就是公司的核心产品，它是本田一系列产品设计和研发能力之间的关键纽带，它推动了公司最终的大规模生产。

Honda's engines are core products, linchpins between design and development skills that ultimately lead to a proliferation of end products.

Monday 9	*Tuesday* 10	*Wednesday* 11

S	M	T	W	T	F	S
1	2	3	4	5	6	7
8	9	10	11	12	13	14
15	16	17	18	19	20	21
22	23	24	25	26	27	28
29	30	31				

Thursday 12

Friday 13

Saturday 14

Sunday 15

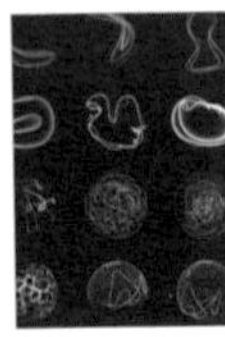

每周荐读：《设计思维崛起》，2015 年 9 月刊

企业和专业服务机构越来越青睐以设计为中心的企业文化。设计思维的本质是用户同理心、原型机制和容忍失败等一系列行为原则，其核心是将设计原则应用到工作方式中，以应对当今技术和业务与日俱增的复杂性。

Note

Week 42

10. 16

10. 22

如果核心竞争力没有被识别出来，各战略事业部就只会追求那些手边的创新机遇，比如缺乏新意地延伸产品线或实行地域上的扩张。

If core competencies are not recognized, individual SBUs will pursue only those innovation opportunities that are close at hand—marginal product-line extensions or geographic expansions.

Oct.
2017

Monday 16

Tuesday 17

Wednesday 18

S	M	T	W	T	F	S
1	2	3	4	5	6	7
8	9	10	11	12	13	14
15	16	17	18	19	20	21
22	23	24	25	26	27	28
29	30	31				

Thursday 19

Friday 20

Saturday 21

Sunday 22

每周荐读：《再造学习型组织》，2015 年 11 月刊

是什么妨碍了企业打造学习型组织？研究表明：关注成功、过快行动、融入主流和依靠专家这 4 种偏见是主要原因。重塑学习型组织，需要领导者运用多种方式克服偏见，如强调错误是学习的机会、在日程表中添加休息时间等。

Note

Week 43

10. 23

10. 29

对于多元化公司来说，如果其信息系统、沟通模式、职业发展道路、管理层报酬以及战略制订流程都受制于战略事业部的组织界限，那么其核心竞争力就必然是不完整的。

The fragmentation of core competencies becomes inevitable when a diversified company's information systems, patterns of communication, career paths, managerial rewards, and processes of strategy development do not transcend SBU lines.

Monday 23	*Tuesday* 24	*Wednesday* 25

S	M	T	W	T	F	S
1	2	3	4	5	6	7
8	9	10	11	12	13	14
15	16	17	18	19	20	21
22	23	24	25	26	27	28
29	30	31				

ursday 26

Friday 27

Saturday 28

Sunday 29

每周荐读:《混合技术战略:拒绝颠覆,引领未来》,2015 年 12 月刊

企业很难判断某项创新是否会彻底颠覆行业,或变化什么时候会发生。如何度过颠覆的不确定期,是管理者面临的巨大挑战。

Note

Week 44

10. 30

11. 05

“企业就好比一棵大树，根深才能叶茂。公司的核心产品是在核心竞争力的基础上发展起来的，并由此产生了业务单元，而业务单元的产出就是最终产品。

The corporation, like a tree, grows from its roots. Core products are nourished by competencies and engender business units, whose fruit are end products.”

Monday 30	*Tuesday* 31	*Wednesday* 1

S	M	T	W	T	F	S
1	2	3	4	5	6	7
8	9	10	11	12	13	14
15	16	17	18	19	20	21
22	23	24	25	26	27	28
29	30	31				

S	M	T	W	T	F	S
			1	2	3	4
5	6	7	8	9	10	11
12	13	14	15	16	17	18
19	20	21	22	23	24	25
26	27	28	29	30		

hursday 2

Friday 3

Saturday 4

Sunday 5

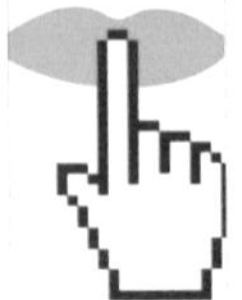

每周荐读：《掌握“学习力”》，2016 年 3 月刊

如今的组织总处于变动中，学习速度比竞争对手更快，或许是唯一可持续的竞争优势。要想掌握学习能力，你需要加强四大特质：志向、内省能力、好奇心和容错能力。

Note

2017·11

W. 钱·金和勒妮·莫博涅
W. Chan Kim & Renée Mauborgne

“蓝海战略”创始人，专注于蓝海战略研究，在此基础上提出了“蓝海领导力”。

代表作：
《蓝海战略》《价值创新》等。

November

S	M	T	W	T	F	S
			1 十三	2 十四	3 十五	4 十六
5 十七	6 十八	7 立冬	8 二十	9 廿一	10 廿二	11 廿三
12 廿四	13 廿五	14 廿六	15 廿七	16 廿八	17 廿九	18 十月
19 初二	20 初三	21 初四	22 小雪	23 感恩节	24 初七	25 初八
26 初九	27 初十	28 十一	29 十二	30 十三		

Week 45

11. 06

11. 12

员工潜能与实际表现之间有着巨大的鸿沟，管理者面临的最大挑战是如何让员工将才干和能量在工作中充分释放出来。

Most executives recognize that one of their biggest challenges is closing the vast gulf between the potential and the realized talent and energy of the people they lead.

Monday 6	*Tuesday* 7	*Wednesday* 8

S	M	T	W	T	F	S
			1	2	3	4
5	**6**	**7**	**8**	**9**	**10**	**11**
12	13	14	15	16	17	18
19	20	21	22	23	24	25
26	27	28	29	30		

hursday 9

Friday 10

Saturday 11

Sunday 12

每周荐读：《蓝海领导力》，2014 年 5 月刊

蓝海领导力能释放员工的潜力，帮助领导者作出改变，激发员工的最佳状态，节省管理者最宝贵的资源——时间。“领导力画布”能指出哪些管理行为应该消除或减少，哪些应该创建和增加，从而将混日子的员工转化成敬业劳模。

Note

Week 46

11.13

11.19

“红海”指公司陷入残酷市场争夺战的狭小空间，红海陷阱让管理者止锚不前，无法驶入蓝海，无法拥抱前所未知、无人争夺、潜力广阔的新市场空间。

They effectively anchor managers in red oceans—crowded market spaces where companies engage in bloody competition for market share—and prevent them from entering blue oceans, previously unknown and uncontested market spaces with ample potential.

Nov.
2017

Monday 13

Tuesday 14

Wednesday 15

S	M	T	W	T	F	S
			1	2	3	4
5	6	7	8	9	10	11
12	13	14	15	16	17	18
19	20	21	22	23	24	25
26	27	28	29	30		

rsday 16

Friday 17

Saturday 18

Sunday 19

每周荐读：《中国企业更易开辟蓝海》，2015年3月刊

《蓝海战略》出版后10年，W. 钱·金和勒妮·莫博涅两位作者推出扩展版，着重提出了六大红海陷阱。中国企业管理者同样容易陷入红海陷阱，且普遍存在两种误区：一是把蓝海战略当成市场营销战略，二是将任何新产品、新技术和新领域等同于蓝海。

Note

Week 47

11. 20

11. 26

技术创新即便为公司赢得了赞誉，获得了科技发明奖项，却无法开辟新市场，这样失败的例子屡见不鲜。

Many technology innovations fail to create new markets even if they win the company accolades and their developers scientific prizes.

Monday 20	*Tuesday* 21	*Wednesday* 22

S	M	T	W	T	F	S
			1	2	3	4
5	6	7	8	9	10	11
12	13	14	15	16	17	18
19	20	21	22	23	24	25
26	27	28	29	30		

ursday 23

Friday 24

Saturday 25

Sunday 26

每周荐读：《富士胶片：核心业务消失，核心技术永存》，2016 年 3 月刊

当行业日薄西山，企业能否创造新“蓝海”？富士胶片的经验是，不把公司视为不同业务单元的组合，而是视为核心技术的组合，最终具备协调不同产品、整合不同技术的创新能力。

Note

Week 48

11.27

12.03

"与传统的自上而下的领导力项目相比，蓝海领导力更注重程序的公平性，使得监管和执行的难度大大降低。此外，管理者不再需要改变本性或打破陋习，只需改变自己的行动，在短时间内完成领导力转型。

The fairness of the process makes the implementation and monitoring of those changes far easier than in traditional top-down approaches. Moreover, blue ocean leadership achieves a transformation with less time and effort, because leaders are not trying to alter who they are and break the habits of a lifetime. They are simply changing the tasks they carry out."

Monday 27	*Tuesday* 28	*Wednesday* 29

S	M	T	W	T	F	S
			1	2	3	4
5	6	7	8	9	10	11
12	13	14	15	16	17	18
19	20	21	22	23	24	25
26	27	28	29	30		

S	M	T	W	T	F	S
					1	2
3	4	5	6	7	8	9
10	11	12	13	14	15	16
17	18	19	20	21	22	23
24	25	26	27	28	29	30
31						

Thursday 30

Friday 1

Saturday 2

Sunday 3

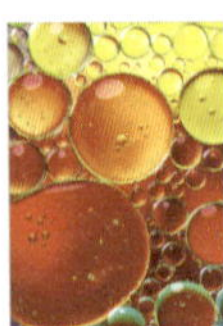

每周荐读：《初创企业生存术：与跨国公司合作》，2016 年 2 月刊

中国在寻求真正技术创新的路途上大步迈进，与跨国公司合作是一项重要的策略，可以帮助创新型初创企业继续发展，实现梦想。初创企业与跨国公司合作的空间日益广阔，但要有效合作并非易事，不过，若能坚持不懈，努力得法，与跨国公司合作会为中国乃至世界各地的创新型初创公司带来显著的回报。

Note

2017 · 12

维贾伊 · 戈文达拉扬

Vijay Govindarajan

达特茅斯大学塔克商学院教授，
战略与创新专家，提出了逆向创新概念。

代表作：
《逆向创新》《战略创新者的十大法则》等。

December

S	M	T	W	T	F	S
					1 十四	2 十五
3 十六	4 十七	5 十八	6 十九	7 大雪	8 廿一	9 廿二
10 廿三	11 廿四	12 廿五	13 廿六	14 廿七	15 廿八	16 廿九
17 三十	18 十一月	19 初二	20 初三	21 冬至	22 初五	23 初六
24 平安夜	25 圣诞节	26 初九	27 初十	28 十一	29 十二	30 十三
31 十四						

Week 49

12.04

12.10

多数西方公司的产品开发员终其一生，都在为和自己一样的人开发商品，所以他们对新兴市场客户特有的消费习惯、技术使用状况和地位认知缺乏深刻了解。

At most Western companies, product developers, who spend a lifetime creating offerings for people similar to themselves, lack a visceral understanding of emerging market consumers, whose spending habits, use of technologies, and perceptions of status are very different.

Monday 4	*Tuesday* 5	*Wednesday* 6

S	M	T	W	T	F	S
					1	2
3	4	5	6	7	8	9
10	11	12	13	14	15	16
17	18	19	20	21	22	23
24	25	26	27	28	29	30
31						

ursday 7

Friday 8

Saturday 9

Sunday 10

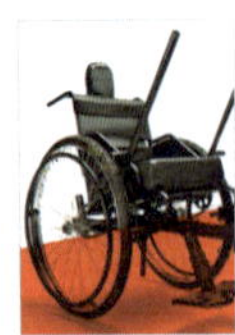

每周荐读：《逆向创新的 5 大设计原则》，2016 年 2 月刊

逆向创新是指西方跨国公司在发展中经济体进行产品或商业模式的创新，再反向输出到发达经济体市场，这种创新方法兼顾了两种经济体的不同需求，成为各大企业在全球化过程中制胜的法宝。然而多数公司并不知道该如何开发出这样的产品。

Note

Week 50

12. 11

12. 17

工程师为发展中国家设计产品和服务时，以为面对的技术状况和自己所处的发达国家一致。尽管科学规律可能在哪里都一样，但新兴市场的技术基础建设另有特点。

When designing offerings for the developing world, engineers assume they're dealing with the same technical landscape that they are in the developed world. But while the laws of science may be the same everywhere, the technical infrastructure is very different in emerging markets.

Monday 11	*Tuesday* 12	*Wednesday* 13

S	M	T	W	T	F	S
					1	2
3	4	5	6	7	8	9
10	11	12	13	14	15	16
17	18	19	20	21	22	23
24	25	26	27	28	29	30
31						

ursday 14

Friday 15

Saturday 16

Sunday 17

每周荐读 :《有计划的机会主义》，2016 年 5 月刊

未来是不可预测的，而企业领导者须识别预示未来重大改变的微弱信号，把握机会，主动应对不确定性，进而创造出一种适应改变的文化。

Note

Week 51

12. 18

12. 24

公司在制定解决方案前，应找到限制新产品或服务的内在因素，比如消费者平均收入较低、基础设施建设不足、自然资源有限。这些因素决定了新设计必须满足的条件，比如价格、耐久性和材料。

Before designing solutions, companies should identify the inherent constraints that will operate on the new product or service—such as low average consumer income, poor infrastructure, and limited natural resources. This list will dictate the requirements—like price, durability, and materials—that new designs must meet.

Monday 18	*Tuesday* 19	*Wednesday* 20

S	M	T	W	T	F	S
					1	2
3	4	5	6	7	8	9
10	11	12	13	14	15	16
17	18	19	20	21	22	23
24	25	26	27	28	29	30
31						

ursday 21

Friday 22

Saturday 23

Sunday 24

每周荐读 :《拥抱移动互联网的 8 种姿势》，2016 年 4 月刊

面对移动互联大潮，企业不进则退。中国企业家应该作好准备，了解移动互联带来的颠覆性创新，调整战略，让自己的企业尽快拥抱移动互联网。

Note

52/53

Week 52

12. 25

12. 31

计划性机会主义要求领导者对微弱信号——新趋势的早期迹象体察入微，从中推断出人口学、技术、顾客口味和需求，经济、环境、监管和政治力量方面的重大改变。

Planned opportunism requires sensitivity to weak signals—early evidence of emerging trends from which it is possible to deduce important changes in demography, technology, customer tastes and needs, and economic, environmental, regulatory, and political forces.

Dec.
2017

Monday 25	*Tuesday* 26	*Wednesday* 27

S	M	T	W	T	F	S
					1	2
3	4	5	6	7	8	9
10	11	12	13	14	15	16
17	18	19	20	21	22	23
24	25	26	27	28	29	30
31						

ursday 28

Friday 29

Saturday 30

Sunday 31

每周荐读：《创新，绝非只限于新产品》，hbrchina.org 网站文章

许多组织集中打造短期创新产品，然而大部分产品都没有多少持久的竞争优势，且无法创造利润；而赚钱的产品通常很快就被竞争对手复制，也没有长期优势。结果，对产品创新的投资未能获得相应回报。要实现持续增长，企业必须把产品创新与商业模式、流程以及服务创新整合起来。

Note

图书在版编目 (CIP) 数据

管理日志 / 哈佛商业评论编 .—重庆: 重庆大学出版社，2016. 12（重印）

ISBN 978-7-5689-0197-0

Ⅰ. ①管… Ⅱ. ①哈… Ⅲ. ①管理学－文集 Ⅳ. ① C93-53

中国版本图书馆 CIP 数据核字（2016）第 244804 号

管理日志

guanli rizhi

哈佛商业评论 编

责任编辑：张 维

责任校对：刘雯娜 书籍设计：崔晓晋

重庆大学出版社出版发行

出版人：易树平

社址：（401331）重庆市沙坪坝区大学城西路 21 号

网址：http://www.cqup.com.cn

全国新华书店经销

印刷：北京汇瑞嘉合文化发展有限公司

开本：787×1092 1/32 印张：7.375

2016 年 10 月第 1 版 2016 年 12 月第 2 次印刷

ISBN 978-7-5689-0197-0 定价：99.00 元